The Clumsy Giraffe And Other Bilingual Italian-English Stories for Kids

Pomme Bilingual

Published by Pomme Bilingual, 2024.

THE CLUMSY GIRAFFE AND OTHER BILINGUAL ITALIAN-ENGLISH STORIES FOR KIDS

First edition. July 9, 2024.

Copyright © 2024 Pomme Bilingual.

ISBN: 979-8227083913

Written by Pomme Bilingual.

Table of Contents

Antonia e il Segreto del Bosco Incantato

C'era una volta una bambina di nome Antonia. Antonia non era una bambina come le altre. Aveva capelli rosso fuoco e occhi verdi come smeraldi, e indossava sempre stivali di gomma gialli, anche quando non pioveva. Viveva in un piccolo villaggio ai margini di un grande bosco incantato, dove ogni albero sembrava nascondere un segreto.

Un giorno, mentre passeggiava nel bosco, Antonia sentì un fruscio tra i cespugli. "Chi è là?" chiese curiosa. Dal fitto fogliame emerse una creatura minuscola con ali luccicanti: era una fatina! "Mi chiamo Fiorella," disse la fatina. "Il bosco è in pericolo e solo tu puoi salvarlo."

Antonia non poteva credere alle sue orecchie. "Io? Ma io sono solo una bambina!"

Fiorella le spiegò che nel bosco c'era un albero magico, l'Albero della Vita, che stava perdendo la sua magia. "Devi trovare il Cuore della Foresta e riportarlo all'Albero della Vita," disse Fiorella, "altrimenti tutto il bosco morirà."

Con il cuore che batteva forte per l'eccitazione, Antonia accettò la missione. Seguendo Fiorella, si addentrò sempre più nel bosco. Incontrarono animali parlanti, funghi giganti e ruscelli che cantavano melodie misteriose.

Alla fine giunsero a una radura dove un grande portale di legno stava nascosto tra le felci. "Questo è l'ingresso al Cuore della Foresta," spiegò Fiorella. Antonia varcò il portale e si trovò in un luogo meraviglioso, pieno di luce dorata e piante dai colori incredibili. Al centro della radura c'era una pietra brillante: il Cuore della Foresta.

Ma proprio mentre stava per afferrare la pietra, un'ombra scura apparve. Era un enorme drago! "Questo cuore è mio!" ruggì il drago, proteggendo la pietra con le sue ali.

Antonia, senza farsi scoraggiare, guardò il drago negli occhi e disse: "Non voglio portartelo via, voglio solo usarlo per salvare il bosco. Ti prego, lasciami prendere il Cuore."

Il drago, sorpreso dalla determinazione della bambina, abbassò lentamente le ali. "Se davvero hai il coraggio di affrontare un drago, meriti di avere il Cuore della Foresta," disse con voce grave.

Antonia afferrò la pietra e, seguendo Fiorella, tornò all'Albero della Vita. Quando pose il Cuore della Foresta tra le radici dell'albero, una luce abbagliante avvolse tutto il bosco. Le foglie tornarono verdi e i fiori sbocciarono in un istante. Il bosco era salvo!

Fiorella ringraziò Antonia con un sorriso radioso. "Sei una vera eroina, Antonia. Il bosco ti sarà sempre grato."

Da quel giorno, Antonia non fu più solo una bambina con stivali gialli. Fu conosciuta come la Custode del Bosco Incantato, e ogni volta che c'era un problema, tutti sapevano a chi rivolgersi. E così, Antonia visse per sempre felice e contenta, sapendo di aver salvato il suo amato bosco.

Antonia and the Secret of the Enchanted Forest

Once upon a time, there was a little girl named Antonia. Antonia was not like other children. She had fiery red hair and emerald green eyes, and she always wore yellow rubber boots, even when it wasn't raining. She lived in a small village on the edge of a great enchanted forest, where every tree seemed to hide a secret.

One day, while strolling in the forest, Antonia heard a rustling among the bushes. "Who's there?" she asked curiously. From the thick foliage emerged a tiny creature with sparkling wings: it was a fairy! "My name is Fiorella," said the fairy. "The forest is in danger, and only you can save it."

Antonia could not believe her ears. "Me? But I'm just a little girl!"

Fiorella explained that there was a magical tree in the forest, the Tree of Life, which was losing its magic. "You must find the Heart of the Forest and bring it back to the Tree of Life," said Fiorella, "otherwise, the entire forest will die."

With her heart pounding with excitement, Antonia accepted the mission. Following Fiorella, she ventured deeper into the forest. They encountered talking animals, giant mushrooms, and streams that sang mysterious melodies.

Eventually, they reached a clearing where a large wooden portal was hidden among the ferns. "This is the entrance to the Heart of the Forest," explained Fiorella. Antonia stepped through the portal and found herself in a wondrous place, filled with golden light and plants of incredible colors. At the center of the clearing was a shining stone: the Heart of the Forest.

But just as she was about to grab the stone, a dark shadow appeared. It was a huge dragon! "This heart is mine!" roared the dragon, guarding the stone with its wings.

Antonia, undeterred, looked the dragon in the eye and said, "I don't want to take it from you; I just want to use it to save the forest. Please, let me take the Heart."

The dragon, surprised by the girl's determination, slowly lowered its wings. "If you truly have the courage to face a dragon, you deserve to have the Heart of the Forest," it said in a deep voice.

Antonia grabbed the stone and, following Fiorella, returned to the Tree of Life. When she placed the Heart of the Forest among the tree's roots, a dazzling light enveloped the entire forest. The leaves turned green again, and flowers bloomed instantly. The forest was saved!

Fiorella thanked Antonia with a radiant smile. "You are a true heroine, Antonia. The forest will always be grateful to you."

From that day on, Antonia was no longer just a girl with yellow boots. She was known as the Guardian of the Enchanted Forest, and whenever there was a problem, everyone knew who to turn to. And so, Antonia lived happily ever after, knowing she had saved her beloved forest.

Gabbiano Gregorio e il Mistero del Tesoro Nascosto

C'era una volta, sulla costa frastagliata di un piccolo villaggio di pescatori, un gabbiano chiamato Gregorio. Gregorio non era un gabbiano come tutti gli altri. Mentre gli altri gabbiani passavano le giornate a planare sul mare e a rubare pesci dai pescherecci, Gregorio aveva una passione segreta: adorava risolvere misteri.

Un giorno, mentre Gregorio esplorava un'isolata spiaggia, trovò una vecchia bottiglia di vetro mezza sepolta nella sabbia. Con grande curiosità, beccò la bottiglia fino a liberarla completamente. All'interno c'era un'antica mappa del tesoro, ingiallita dal tempo. Gregorio poteva a malapena contenere l'eccitazione. "Finalmente un'avventura vera!" pensò.

Deciso a scoprire il mistero del tesoro nascosto, Gregorio volò fino al villaggio per chiedere aiuto ai suoi amici. Raccontò tutto alla saggia gabbiana Gina, al curioso gabbiano Guido e al piccolo gabbiano Gigi, che lo guardavano con occhi spalancati.

"Sembra che il tesoro sia nascosto sull'Isola del Vecchio Faro," disse Gina esaminando la mappa. "Ma nessuno va mai lì, è un posto pericoloso e pieno di insidie."

"Non importa," rispose Gregorio, "dobbiamo andare! Pensate a tutto ciò che potremmo scoprire!"

Con un battito d'ali e una determinazione feroce, il gruppo partì all'alba del giorno successivo. Attraversarono il mare tempestoso e, dopo un viaggio faticoso, arrivarono all'Isola del Vecchio Faro. Era un luogo spettrale, avvolto in una nebbia densa e misteriosa.

Mentre esploravano l'isola, incontrarono una serie di enigmi e trappole. Trovarono un vecchio ponte sospeso, scricchiolante sotto il loro peso. "Stai attento, Gregorio!" gridò Guido, "potrebbe cedere da un momento all'altro!"

Con molta cautela, attraversarono il ponte uno alla volta. Gregorio, sempre il più coraggioso, guidava il gruppo, risolvendo gli enigmi che trovavano lungo il cammino. Alla fine, raggiunsero la base del Vecchio Faro. Lì, tra le rocce scure, videro una grande porta di legno, bloccata da un grosso lucchetto arrugginito.

"Come faremo ad aprirla?" chiese Gigi, agitando le ali in preda all'agitazione.

Gina, che aveva sempre una soluzione, trovò una chiave nascosta sotto una pietra vicina. "Proviamo questa," disse, infilando la chiave nel lucchetto. Con uno scatto, il lucchetto si aprì e la porta si spalancò con un cigolio sinistro.

All'interno trovarono una scala che scendeva nel buio. Senza esitazione, Gregorio guidò il gruppo giù per la scala fino a una stanza segreta. In mezzo alla stanza, su un piedistallo di pietra, c'era un antico forziere.

Con il cuore che batteva forte, Gregorio aprì il forziere. Dentro, scintillava una quantità incredibile di monete d'oro, gioielli e pietre preziose. Ma c'era qualcosa di ancora più prezioso: un diario di bordo. Gregorio lo aprì e cominciò a leggere ad alta voce.

Il diario raccontava la storia di un vecchio capitano di nave che aveva nascosto il tesoro sull'isola per proteggerlo dai pirati. Ma, con il passare degli anni, il tesoro era stato dimenticato, e il capitano aveva lasciato indizi sperando che un giorno qualcuno degno lo trovasse.

"Questo tesoro non è solo oro e gioielli," disse Gregorio, "è la storia di un uomo coraggioso e della sua vita di avventure. Dobbiamo condividere questa storia con il mondo."

Tornati al villaggio, Gregorio e i suoi amici furono accolti come eroi. Raccontarono la storia del vecchio capitano e mostrarono il diario a tutti. Il tesoro fu usato per migliorare la vita nel villaggio, costruendo nuove case, scuole e un faro moderno per guidare i pescatori.

Da quel giorno, Gregorio non fu più solo un gabbiano con la passione per i misteri. Fu conosciuto come il Gabbiano Esploratore, un eroe per il suo villaggio. E ogni volta che qualcuno trovava una vecchia mappa o un enigma da risolvere, sapevano esattamente chi chiamare.

E così, Gregorio visse per sempre felice e contento, risolvendo misteri e avventure, sapendo che il vero tesoro era l'amicizia e il coraggio che aveva trovato lungo il cammino.

Gregory the Seagull and the Mystery of the Hidden Treasure

Once upon a time, on the rugged coast of a small fishing village, there was a seagull named Gregory. Gregory was not like other seagulls. While the others spent their days gliding over the sea and stealing fish from fishing boats, Gregory had a secret passion: he loved solving mysteries.

One day, while Gregory was exploring a secluded beach, he found an old glass bottle half-buried in the sand. With great curiosity, he pecked at the bottle until he completely freed it. Inside was an ancient treasure map, yellowed by time. Gregory could hardly contain his excitement. "Finally, a real adventure!" he thought.

Determined to uncover the mystery of the hidden treasure, Gregory flew to the village to seek help from his friends. He told everything to the wise seagull Gina, the curious seagull Guido, and the little seagull Gigi, who listened with wide eyes.

"It looks like the treasure is hidden on Old Lighthouse Island," Gina said, examining the map. "But no one ever goes there; it's a dangerous place full of perils."

"It doesn't matter," replied Gregory, "we have to go! Think of all the things we could discover!"

With a flap of wings and fierce determination, the group set off at dawn the next day. They crossed the stormy sea and, after a strenuous journey, arrived at the Island of the Old Lighthouse. It was a ghostly place, shrouded in a dense and mysterious fog.

As they explored the island, they encountered a series of riddles and traps. They found an old suspension bridge, creaking under their weight. "Be careful, Gregorio!" shouted Guido, "it could collapse at any moment!"

With great caution, they crossed the bridge one by one. Gregorio, always the bravest, led the group, solving the riddles they found along the way. Finally, they reached the base of the Old Lighthouse. There, among the dark rocks, they saw a large wooden door, locked with a large rusty padlock.

"How will we open it?" asked Gigi, flapping his wings in agitation.

Gina, who always had a solution, found a key hidden under a nearby stone. "Let's try this," she said, inserting the key into the padlock. With a click, the padlock opened and the door creaked open ominously.

Inside, they found a staircase leading down into the darkness. Without hesitation, Gregorio led the group down the stairs to a secret room. In the middle of the room, on a stone pedestal, was an ancient chest.

With his heart pounding, Gregorio opened the chest. Inside, an incredible amount of gold coins, jewels, and precious stones sparkled. But there was something even more precious: a ship's logbook. Gregorio opened it and began to read aloud.

The diary told the story of an old ship captain who had hidden the treasure on the island to protect it from pirates. But, over the years, the treasure had been forgotten, and the captain had left clues hoping that one day someone worthy would find it.

"This treasure is not just gold and jewels," said Gregorio, "it is the story of a brave man and his life of adventures. We must share this story with the world."

Back in the village, Gregorio and his friends were welcomed as heroes. They told the story of the old captain and showed the diary to everyone. The treasure was used to improve life in the village, building new houses, schools, and a modern lighthouse to guide the fishermen.

From that day on, Gregorio was no longer just a seagull with a passion for mysteries. He was known as the Explorer Seagull, a hero for his village. And every time someone found an old map or a riddle to solve, they knew exactly who to call.

And so, Gregorio lived happily ever after, solving mysteries and going on adventures, knowing that the true treasure was the friendship and courage he had found along the way.

Benedetta e la Scarpetta Magica

Nel tranquillo villaggio di Danziariva, viveva una bambina di nome Benedetta. Aveva dieci anni, capelli castani e occhi azzurri come il cielo in una giornata di primavera. Benedetta aveva una passione sfrenata per la danza. Ogni giorno, dopo la scuola, correva nella piccola sala di ballo del villaggio per allenarsi, sognando di diventare una grande ballerina.

Un pomeriggio, mentre Benedetta stava praticando un complicato passo di danza, inciampò e cadde. Sospirò, sentendosi scoraggiata. "Non sarò mai una grande ballerina," mormorò tra sé e sé.

Proprio in quel momento, una vecchia signora entrò nella sala di ballo. Aveva un aspetto curioso: capelli grigi arruffati, un mantello verde e un bastone decorato con gemme luccicanti. "Non dire mai mai, mia cara," disse la signora con un sorriso gentile.

Benedetta, sorpresa, guardò la signora. "Chi sei?" chiese.

"Mi chiamo Nonna Gemma," rispose la donna. "E sono qui per aiutarti. Ho sentito il tuo desiderio di diventare una grande ballerina."

Nonna Gemma tirò fuori un paio di scarpette da ballo dal suo mantello. Erano di un rosa brillante e scintillavano come stelle. "Queste sono scarpette magiche," spiegò. "Indossale, e ti aiuteranno a danzare con grazia e sicurezza."

Benedetta prese le scarpette con mani tremanti. Le indossò e, subito, sentì una strana sensazione attraversarle il corpo. Si alzò in punta di piedi e cominciò a danzare. Ogni movimento era perfetto, ogni passo era pieno di eleganza. Non riusciva a credere a quanto fosse migliorata in un istante.

"Ricorda," disse Nonna Gemma, "la magia delle scarpette ti aiuterà solo se tu stessa ci metti il cuore e la dedizione."

Benedetta annuì, determinata a lavorare ancora più duramente. Con le scarpette magiche, continuò ad allenarsi ogni giorno, diventando sempre più brava. La notizia delle sue straordinarie capacità si diffuse rapidamente, e presto fu invitata a partecipare a un importante concorso di danza nella grande città.

Il giorno del concorso, Benedetta era nervosa ma pronta. Mentre si esibiva sul palco, la magia delle scarpette brillava ad ogni suo passo. La sua performance fu straordinaria, e il pubblico la applaudì con entusiasmo.

Dopo l'esibizione, il giudice principale, una famosa ballerina di nome Claudia Star, si avvicinò a Benedetta. "Hai un talento incredibile," disse Claudia. "Ma c'è qualcosa di più in te, una passione che va oltre la tecnica. Vorresti unirti alla nostra accademia di danza?"

Benedetta non poteva credere alle sue orecchie. Accettò l'offerta con gratitudine e, da quel giorno, iniziò a frequentare la prestigiosa accademia di danza. Le scarpette magiche continuarono ad aiutarla, ma Benedetta sapeva che il vero segreto del suo successo era il duro lavoro e la passione che metteva in ogni passo.

Gli anni passarono, e Benedetta diventò una delle ballerine più famose del mondo. Ogni volta che si esibiva, ricordava le parole di Nonna Gemma e il dono delle scarpette magiche. E ogni volta, metteva tutto il suo cuore e la sua anima nella danza, ispirando altri bambini a seguire i loro sogni.

Nonna Gemma, nel frattempo, continuava a vagare per il mondo, cercando bambini con cuori puri e sogni grandi, pronta a donare la magia delle sue scarpette speciali.

E così, la storia di Benedetta e le sue scarpette magiche rimase una leggenda a Danziariva, un ricordo luminoso di come la passione, la dedizione e un po' di magia possano trasformare i sogni in realtà.

Benedetta and the Magic Slipper

In the quiet village of Danziariva, there lived a little girl named Benedetta. She was ten years old, with brown hair and blue eyes as bright as the sky on a spring day. Benedetta had an unyielding passion for dancing. Every day after school, she would run to the village's small dance hall to practice, dreaming of becoming a great ballerina.

One afternoon, while Benedetta was practicing a complicated dance step, she stumbled and fell. She sighed, feeling discouraged. "I'll never be a great ballerina," she murmured to herself.

Just then, an old woman entered the dance hall. She had a curious appearance: messy gray hair, a green cloak, and a staff adorned with sparkling gems. "Never say never, my dear," the woman said with a gentle smile.

Benedetta, surprised, looked at the woman. "Who are you?" she asked.

"My name is Grandma Gemma," replied the woman. "And I'm here to help you. I heard your wish to become a great ballerina."

Grandma Gemma pulled out a pair of ballet slippers from her cloak. They were a bright pink and sparkled like stars. "These are magical slippers," she explained. "Wear them, and they will help you dance with grace and confidence."

Benedetta took the slippers with trembling hands. She put them on and immediately felt a strange sensation course through her body. She rose on her tiptoes and began to dance. Every movement was perfect, every step filled with elegance. She couldn't believe how much she had improved in an instant.

"Remember," said Grandma Gemma, "the magic of the slippers will help you only if you put your heart and dedication into it."

Benedetta nodded, determined to work even harder. With the magical slippers, she continued to practice every day, becoming better and better. News of her extraordinary abilities spread quickly, and soon she was invited to participate in an important dance competition in the big city.

On the day of the competition, Benedetta was nervous but ready. As she performed on stage, the magic of the slippers shone with every step. Her performance was extraordinary, and the audience applauded enthusiastically.

After the performance, the head judge, a famous ballerina named Claudia Star, approached Benedetta. "You have incredible talent," said Claudia. "But there's something more in you, a passion that goes beyond technique. Would you like to join our dance academy?"

Benedetta couldn't believe her ears. She accepted the offer with gratitude and, from that day on, began attending the prestigious dance academy. The magical slippers continued to help her, but Benedetta knew that the real secret to her success was the hard work and passion she put into every step.

Years passed, and Benedetta became one of the most famous ballerinas in the world. Every time she performed, she remembered Grandma Gemma's words and the gift of the magical slippers. And every time, she put all her heart and soul into her dancing, inspiring other children to follow their dreams.

Meanwhile, Grandma Gemma continued to wander the world, seeking children with pure hearts and big dreams, ready to bestow the magic of her special slippers.

And so, the story of Benedetta and her magical slippers remained a legend in Danziariva, a shining reminder of how passion, dedication, and a bit of magic can turn dreams into reality.

19

Gina, la Giraffa Impacciata, e il Gran Ballo della Savana

C'era una volta, nel cuore della savana africana, una giraffa di nome Gina. Gina era diversa da tutte le altre giraffe. Mentre le sue amiche si muovevano con grazia e eleganza, Gina era terribilmente impacciata. Aveva le zampe troppo lunghe e il collo troppo corto per una giraffa, e spesso inciampava su se stessa.

Nonostante la sua goffaggine, Gina aveva un cuore d'oro e un sogno segreto: voleva partecipare al Gran Ballo della Savana, un evento annuale dove tutti gli animali si riunivano per danzare sotto le stelle. Ma Gina temeva di essere derisa per la sua mancanza di grazia.

Un giorno, mentre Gina stava cercando di allungare il collo per raggiungere le foglie più alte di un albero di acacia, perse l'equilibrio e cadde rovinosamente a terra. "Oh no, ancora una volta!" sospirò Gina, raccogliendosi goffamente.

Mentre si rialzava, sentì un leggero ridacchiare. Voltandosi, vide Zizou, la scimmia dispettosa, che si dondolava da un ramo. "Sei sempre così goffa, Gina!" rise Zizou. Gina abbassò la testa, sentendosi ancora più insicura.

Più tardi, mentre passeggiava tristemente lungo il fiume, Gina incontrò Eleonora, l'elefante saggia. "Cosa c'è che non va, Gina?" chiese Eleonora con voce gentile.

Gina raccontò a Eleonora del suo sogno di partecipare al Gran Ballo della Savana e di quanto si sentisse inadeguata. "Ho paura di cadere e fare una brutta figura davanti a tutti," disse Gina con un sospiro.

Eleonora le sorrise con calore. "Non devi essere perfetta per partecipare, Gina. Quello che conta è divertirsi e essere te stessa. Vieni, ti aiuterò ad allenarti."

Così, ogni giorno, Eleonora aiutava Gina a migliorare la sua coordinazione. Le insegnava a muoversi con calma e a non avere fretta. Le mostrava come trovare il proprio ritmo, quello che le era naturale.

Durante l'allenamento, incontrarono molti altri animali: l'antilope Anita, il leopardo Leo e il pappagallo Pablo, che tutti incoraggiavano Gina con parole gentili e consigli preziosi. "Non arrenderti, Gina," diceva Anita, "hai un talento nascosto che ancora non conosci."

Finalmente, il giorno del Gran Ballo della Savana arrivò. La radura era illuminata da migliaia di lucciole e i tamburi riecheggiavano nell'aria. Gina era nervosa, ma Eleonora le sussurrò: "Ricorda, sii te stessa e divertiti."

Quando fu il turno di Gina, il cuore le batteva forte. Iniziò a muoversi lentamente, ricordando tutto ciò che aveva imparato. Ma proprio quando sembrava che tutto andasse per il meglio, inciampò su una radice e cadde a terra.

Un silenzio imbarazzante calò sulla radura. Gina, con le lacrime agli occhi, stava per alzarsi e fuggire, quando sentì una piccola zampa sulla spalla. Era Zizou. "Gina, balla con me!" disse con un sorriso incoraggiante.

Gina, sorpresa, accettò l'offerta di Zizou. Insieme iniziarono a ballare, e presto tutti gli animali si unirono a loro. Eleonora, Anita, Leo e Pablo formarono un cerchio attorno a Gina, che cominciò a ridere e a divertirsi come mai prima.

Il ballo divenne una festa di amicizia e accettazione. Tutti si rendevano conto che non importava quanto si fosse goffi o perfetti, l'importante era divertirsi e stare insieme. Gina, con il cuore leggero e un sorriso raggiante, ballò tutta la notte sotto le stelle.

Da quel giorno, Gina non fu più conosciuta come la giraffa impacciata, ma come Gina la Giraffa dal Cuore Coraggioso. Ogni volta che qualcuno si sentiva insicuro o aveva paura di non essere all'altezza, si ricordavano di Gina e del suo coraggio di essere se stessa.

E così, Gina visse felice e contenta, sapendo che il vero segreto della vita era accettarsi per ciò che si è e godersi ogni momento con amici veri e fidati.

Gina, the Clumsy Giraffe, and the Great Savanna Ball

Once upon a time, in the heart of the African savanna, there was a giraffe named Gina. Gina was different from all the other giraffes. While her friends moved with grace and elegance, Gina was terribly clumsy. Her legs were too long and her neck too short for a giraffe, and she often tripped over herself.

Despite her clumsiness, Gina had a heart of gold and a secret dream: she wanted to participate in the Great Savanna Ball, an annual event where all the animals gathered to dance under the stars. But Gina feared being ridiculed for her lack of grace.

One day, as Gina was trying to stretch her neck to reach the highest leaves of an acacia tree, she lost her balance and fell clumsily to the ground. "Oh no, not again!" sighed Gina, picking herself up awkwardly.

As she got up, she heard a light giggle. Turning around, she saw Zizou, the mischievous monkey, swinging from a branch. "You're always so clumsy, Gina!" laughed Zizou. Gina lowered her head, feeling even more insecure.

Later, as she walked sadly along the river, Gina met Eleonora, the wise elephant. "What's wrong, Gina?" Eleonora asked in a gentle voice.

Gina told Eleonora about her dream of participating in the Great Savanna Ball and how inadequate she felt. "I'm afraid of falling and making a fool of myself in front of everyone," said Gina with a sigh.

Eleonora smiled warmly at her. "You don't have to be perfect to participate, Gina. What matters is having fun and being yourself. Come, I'll help you train."

So, every day, Eleonora helped Gina improve her coordination. She taught her to move calmly and not to rush. She showed her how to find her own rhythm, the one that was natural to her.

During the training, they met many other animals: Anita the antelope, Leo the leopard, and Pablo the parrot, who all encouraged Gina with kind words and valuable advice. "Don't give up, Gina," said Anita, "you have a hidden talent you don't know yet."

Finally, the day of the Great Savanna Ball arrived. The clearing was lit by thousands of fireflies, and the drums echoed in the air. Gina was nervous, but Eleonora whispered to her, "Remember, be yourself and have fun."

When it was Gina's turn, her heart was pounding. She began to move slowly, remembering everything she had learned. But just when it seemed that everything was going well, she tripped over a root and fell to the ground.

An awkward silence fell over the clearing. Gina, with tears in her eyes, was about to get up and run away when she felt a small paw on her shoulder. It was Zizou. "Gina, dance with me!" he said with an encouraging smile.

Gina, surprised, accepted Zizou's offer. Together they began to dance, and soon all the animals joined them. Eleonora, Anita, Leo, and Pablo formed a circle around Gina, who started laughing and having fun like never before.

The ball turned into a celebration of friendship and acceptance. Everyone realized that it didn't matter how clumsy or perfect you were, what mattered was having fun and being together. Gina, with a light heart and a radiant smile, danced all night under the stars.

From that day on, Gina was no longer known as the clumsy giraffe but as Gina the Brave-Hearted Giraffe. Whenever someone felt insecure or afraid of not measuring up, they remembered Gina and her courage to be herself.

And so, Gina lived happily ever after, knowing that the real secret to life was accepting yourself for who you are and enjoying every moment with true and loyal friends.

Sofia e il Topolino Saggio: L'Avventura del Talismano Perduto

In un tranquillo villaggio ai piedi di una montagna incantata, viveva una bambina di nome Sofia. Sofia aveva lunghi capelli castani e occhi curiosi che brillavano come stelle. Amava esplorare i boschi intorno al villaggio, inventando storie di mondi magici e creature misteriose.

Un giorno, mentre Sofia stava giocando vicino a un vecchio castagno, sentì un lieve rumore provenire da un cespuglio. "Chi è là?" chiese, avvicinandosi con cautela. Con sua grande sorpresa, un piccolo topo grigio emerse dal fogliame. "Ciao," disse il topo, "mi chiamo Tobi."

Sofia rimase senza parole per un momento. Un topo che parlava? Era proprio come nelle sue storie! "Ciao Tobi, io sono Sofia," rispose con un sorriso. "Cosa ci fai qui?"

Tobi spiegò che viveva nel bosco e che aveva un problema urgente. "Il Talismano del Bosco è stato rubato," disse con voce preoccupata. "È un oggetto magico che mantiene l'equilibrio e la pace nella foresta. Senza di esso, tutto il bosco è in pericolo."

Sofia, sempre pronta per un'avventura, si offrì di aiutare Tobi. "Troveremo il talismano insieme," disse con determinazione. Tobi le spiegò che il talismano era stato portato via da una banda di corvi dispettosi, e che l'avevano nascosto nella parte più oscura e pericolosa del bosco.

Armati di coraggio, Sofia e Tobi si addentrarono nella foresta. Mentre camminavano, incontrarono molti animali che offrivano il loro aiuto. La volpe Valerio, con la sua astuzia, li guidò attraverso un campo di trappole.

Il gufo Goffredo, con la sua saggezza, indicò loro la direzione giusta al calar della notte.

Finalmente, raggiunsero la tana dei corvi, una grande quercia vecchia e nodosa. I corvi, con i loro occhi brillanti e le piume nere come l'ebano, guardarono Sofia e Tobi con aria minacciosa. "Cosa volete?" gracchiò il capo dei corvi.

"Vogliamo il Talismano del Bosco," rispose Sofia con voce ferma. "È importante per la pace e l'equilibrio di tutta la foresta."

I corvi ridacchiarono sinistramente. "Perché dovremmo restituirvelo?" chiese uno di loro.

Fu allora che Tobi, il piccolo topo saggio, prese la parola. "Vi racconterò una storia," iniziò. "Molto tempo fa, un gruppo di corvi e topi vivevano insieme in armonia. Un giorno, un grande pericolo minacciò la foresta, e fu solo grazie al Talismano del Bosco che riuscirono a salvarsi. Da allora, il talismano è stato il simbolo dell'unità tra tutti gli animali del bosco."

I corvi, toccati dalle parole di Tobi, si guardarono tra loro. "Se questo talismano è così importante per tutti noi, forse dovremmo restituirlo," disse il capo dei corvi. E così fecero. Restituirono il Talismano del Bosco a Sofia e Tobi.

Con il talismano in mano, Sofia e Tobi tornarono nel cuore del bosco, dove lo restituirono al suo posto tra le radici di un antico albero magico. Una luce dorata si irradiò dal talismano, riportando pace e armonia a tutta la foresta.

Gli animali del bosco celebrarono il ritorno del talismano con una grande festa. Sofia fu acclamata come un'eroina, e Tobi come il saggio che aveva saputo toccare il cuore dei corvi. La foresta era salva, e tutti gli animali promisero di proteggere il talismano e di vivere in pace.

Da quel giorno, Sofia e Tobi diventarono inseparabili amici. Ogni volta che c'era un problema nel bosco, gli animali sapevano che potevano contare su di loro. E così, Sofia visse felice e contenta, sapendo di avere un amico speciale e di aver fatto la differenza nella vita di molti.

Sofia and the Wise Little Mouse: The Adventure of the Lost Talisman

In a quiet village at the foot of an enchanted mountain, lived a little girl named Sofia. Sofia had long brown hair and curious eyes that sparkled like stars. She loved exploring the woods around the village, inventing stories of magical worlds and mysterious creatures.

One day, while Sofia was playing near an old chestnut tree, she heard a faint noise coming from a bush. "Who's there?" she asked, approaching cautiously. To her great surprise, a small gray mouse emerged from the foliage. "Hi," said the mouse, "my name is Tobi."

Sofia was speechless for a moment. A talking mouse? It was just like in her stories! "Hi Tobi, I'm Sofia," she replied with a smile. "What are you doing here?"

Tobi explained that he lived in the forest and had an urgent problem. "The Forest Talisman has been stolen," he said worriedly. "It's a magical object that maintains balance and peace in the forest. Without it, the entire woods are in danger."

Sofia, always ready for an adventure, offered to help Tobi. "We'll find the talisman together," she said determinedly. Tobi explained that the talisman had been taken by a band of mischievous crows and that they had hidden it in the darkest and most dangerous part of the forest.

Armed with courage, Sofia and Tobi ventured into the forest. As they walked, they met many animals who offered their help. Valerio the fox, with his cunning, guided them through a field of traps. Goffredo the owl, with his wisdom, pointed them in the right direction as night fell.

Finally, they reached the crows' lair, a large old gnarled oak tree. The crows, with their bright eyes and ebony-black feathers, looked at Sofia and Tobi menacingly. "What do you want?" croaked the leader of the crows.

"We want the Forest Talisman," Sofia replied firmly. "It's important for the peace and balance of the entire forest."

The crows cackled sinisterly. "Why should we give it back?" one of them asked.

It was then that Tobi, the wise little mouse, spoke up. "Let me tell you a story," he began. "A long time ago, a group of crows and mice lived together in harmony. One day, a great danger threatened the forest, and it was only thanks to the Forest Talisman that they were saved. Since then, the talisman has been a symbol of unity among all the animals of the woods."

The crows, touched by Tobi's words, looked at each other. "If this talisman is so important to all of us, maybe we should return it," said the leader of the crows. And so they did. They returned the Forest Talisman to Sofia and Tobi.

With the talisman in hand, Sofia and Tobi returned to the heart of the forest, where they placed it back among the roots of an ancient magical tree. A golden light radiated from the talisman, restoring peace and harmony to the entire forest.

The animals of the woods celebrated the return of the talisman with a great feast. Sofia was hailed as a heroine, and Tobi as the wise one who had touched the hearts of the crows. The forest was saved, and all the animals promised to protect the talisman and live in peace.

From that day on, Sofia and Tobi became inseparable friends. Whenever there was a problem in the forest, the animals knew they could count on them. And so, Sofia lived happily ever after, knowing she had a special friend and had made a difference in the lives of many.

35

Fiorella, la Gatta Rosa, e l'Isola degli Arcobaleni

C'era una volta, in un piccolo villaggio affacciato sul mare, una gatta davvero speciale. Il suo nome era Fiorella, e la sua particolarità era il suo manto rosa brillante. Fiorella non era come gli altri gatti del villaggio. Mentre gli altri gatti si godevano il sole e cacciavano topi, Fiorella amava sognare ad occhi aperti e immaginare mondi lontani e meravigliosi.

Un giorno, mentre Fiorella stava passeggiando sulla spiaggia, trovò una conchiglia straordinariamente luminosa. Quando avvicinò la conchiglia all'orecchio, sentì una voce melodiosa che diceva: "Fiorella, sei destinata a trovare l'Isola degli Arcobaleni. Lì troverai un segreto che cambierà la tua vita."

Fiorella, eccitata e curiosa, decise di seguire il richiamo della conchiglia. Prese una piccola barca a vela, che i pescatori del villaggio usavano per le loro battute di pesca, e si avventurò in mare aperto. La sua determinazione era forte e il suo cuore era pieno di speranza.

Dopo un lungo viaggio, durante il quale affrontò tempeste e onde giganti, Fiorella arrivò finalmente a una terra misteriosa. L'Isola degli Arcobaleni era un luogo incantato, con piante che brillavano di tutti i colori dell'arcobaleno e animali fantastici che non aveva mai visto prima.

Fiorella esplorò l'isola con grande entusiasmo. Ad ogni passo, scopriva nuovi misteri e meraviglie. Incontrò Farfalla Flavia, una farfalla gigante dai colori sgargianti, che la guidò attraverso una foresta di alberi di cristallo. "Benvenuta, Fiorella," disse Flavia. "Siamo tutti molto felici che tu sia qui. L'isola ha bisogno del tuo aiuto."

Fiorella fu sorpresa. "Del mio aiuto? Ma cosa posso fare io?"

Flavia spiegò che l'isola era sotto una maledizione lanciata da un mago malvagio, che aveva intrappolato il cuore dell'isola in una caverna oscura. Solo una creatura pura e coraggiosa come Fiorella poteva rompere la maledizione e liberare l'isola.

"Devi trovare la Caverna dei Sette Arcobaleni," disse Flavia. "Lì troverai il cuore dell'isola e dovrai affrontare delle prove per liberarlo."

Fiorella, determinata a salvare l'isola, seguì le indicazioni di Flavia. Attraversò fiumi di lava e superò ponti di luce, affrontando ogni prova con coraggio e intelligenza. Ogni volta che superava una prova, un arcobaleno brillante appariva nel cielo, illuminando il suo cammino.

Alla fine, Fiorella arrivò alla Caverna dei Sette Arcobaleni. All'interno della caverna, trovò una grande pietra preziosa che pulsava di luce. Era il cuore dell'isola. Ma per liberarlo, Fiorella doveva risolvere un ultimo enigma.

Un antico scrigno si trovava davanti al cuore, con una scritta incisa: "Solo chi ha il cuore puro e la mente chiara può aprire questo scrigno." Fiorella chiuse gli occhi e pensò a tutte le avventure e gli amici che aveva incontrato. Con un sorriso, toccò lo scrigno, che si aprì magicamente.

La pietra preziosa brillò ancora di più, e un'esplosione di luce riempì la caverna. La maledizione era spezzata! L'isola tornò a essere un luogo di gioia e pace. Gli animali festeggiarono, e Fiorella fu acclamata come un'eroina.

Fiorella, con il cuore leggero e pieno di felicità, tornò al suo villaggio. Raccontò a tutti della sua incredibile avventura, e il villaggio intero la accolse con una grande festa. Da quel giorno, Fiorella non fu più vista solo come una gatta rosa, ma come una leggenda vivente, amata e rispettata da tutti.

E così, Fiorella visse felice e contenta, sapendo che aveva fatto la differenza e che il suo coraggio e la sua bontà avevano cambiato il destino di un'intera isola.

39

Fiorella, the Pink Cat, and the Island of Rainbows

Once upon a time, in a small village overlooking the sea, there was a truly special cat. Her name was Fiorella, and her unique feature was her bright pink fur. Fiorella was not like the other cats in the village. While the other cats enjoyed basking in the sun and chasing mice, Fiorella loved daydreaming and imagining distant and wonderful worlds.

One day, while Fiorella was walking on the beach, she found an extraordinarily luminous shell. When she brought the shell to her ear, she heard a melodious voice saying, "Fiorella, you are destined to find the Island of Rainbows. There, you will discover a secret that will change your life."

Excited and curious, Fiorella decided to follow the shell's call. She took a small sailboat, which the village fishermen used for their fishing trips, and ventured out into the open sea. Her determination was strong, and her heart was full of hope.

After a long journey, during which she faced storms and giant waves, Fiorella finally arrived at a mysterious land. The Island of Rainbows was an enchanted place, with plants that glowed in all the colors of the rainbow and fantastic animals she had never seen before.

Fiorella explored the island with great enthusiasm. With every step, she discovered new mysteries and wonders. She met Flavia the Butterfly, a giant butterfly with dazzling colors, who guided her through a forest of crystal trees. "Welcome, Fiorella," said Flavia. "We are all very happy that you are here. The island needs your help."

Fiorella was surprised. "My help? But what can I do?"

Flavia explained that the island was under a curse cast by an evil wizard, who had trapped the heart of the island in a dark cave. Only a pure and brave creature like Fiorella could break the curse and free the island.

"You must find the Cave of the Seven Rainbows," said Flavia. "There you will find the heart of the island, and you will have to face some trials to free it."

Determined to save the island, Fiorella followed Flavia's directions. She crossed rivers of lava and traversed bridges of light, facing each trial with courage and intelligence. Each time she passed a trial, a bright rainbow appeared in the sky, lighting her way.

Finally, Fiorella reached the Cave of the Seven Rainbows. Inside the cave, she found a large gemstone that pulsed with light. It was the heart of the island. But to free it, Fiorella had to solve one last riddle.

An ancient chest stood before the heart, with an inscription: "Only those with a pure heart and a clear mind can open this chest." Fiorella closed her eyes and thought of all the adventures and friends she had met. With a smile, she touched the chest, which magically opened.

The gemstone shone even brighter, and an explosion of light filled the cave. The curse was broken! The island returned to being a place of joy and peace. The animals celebrated, and Fiorella was hailed as a heroine.

With a light and happy heart, Fiorella returned to her village. She told everyone about her incredible adventure, and the entire village welcomed her with a grand celebration. From that day on, Fiorella was no longer seen just as a pink cat but as a living legend, loved and respected by all.

And so, Fiorella lived happily ever after, knowing she had made a difference and that her courage and kindness had changed the fate of an entire island.

Tommaso e il Segreto degli Alberi Parlanti

Nel tranquillo villaggio di Quercianuova viveva un ragazzino di nome Tommaso. Aveva dieci anni, capelli castani spettinati e occhi verdi vivaci che sembravano contenere tutte le meraviglie del mondo. Ma Tommaso non era un bambino come tutti gli altri. Possedeva un dono straordinario: poteva parlare con gli alberi.

La sua scoperta avvenne un pomeriggio d'estate, mentre si trovava nella foresta vicino a casa sua. Tommaso era solito giocare tra i rami e le radici, immaginando di essere un grande esploratore. Quel giorno, mentre si riposava sotto una vecchia quercia, sentì una voce sussurrargli all'orecchio: "Ciao, piccolo esploratore."

Tommaso sobbalzò, guardandosi intorno. Non c'era nessuno. "Chi ha parlato?" chiese, ancora incredulo.

"Sono io, la quercia," rispose la voce con dolcezza. "Il mio nome è Quercio. Abbiamo osservato il tuo cuore puro e la tua gentilezza verso la natura. E così, abbiamo deciso di rivelarti il nostro segreto."

Tommaso, affascinato e curioso, si sedette con le gambe incrociate e ascoltò attentamente. Quercio gli spiegò che tutti gli alberi del bosco potevano parlare, ma solo con coloro che dimostravano vero amore e rispetto per la natura.

"Abbiamo bisogno del tuo aiuto, Tommaso," continuò Quercio. "C'è una minaccia che incombe su questa foresta. Un uomo malvagio vuole abbatterci per costruire una fabbrica."

Il cuore di Tommaso si strinse. Non poteva permettere che ciò accadesse. "Cosa posso fare per aiutarvi?" chiese, determinato.

Quercio gli parlò di un antico amuleto nascosto nel cuore della foresta. "L'amuleto dei Sussurri Antichi ha il potere di proteggere la foresta. Ma solo un bambino dal cuore puro può trovarlo e attivarlo."

Tommaso accettò la missione senza esitazione. Armato solo della sua curiosità e del suo coraggio, si addentrò nella foresta. Gli alberi lo guidarono lungo il cammino, sussurrando consigli e incoraggiamenti.

Attraversò un fiume scintillante grazie all'aiuto dei salici piangenti, che piegarono i loro rami per formare un ponte. Superò un campo di rovi con l'assistenza dei pini, che rilasciarono un tappeto di aghi morbidi per proteggere i suoi piedi. Ogni passo del suo viaggio era un test della sua determinazione e del suo amore per la natura.

Finalmente, dopo ore di cammino, Tommaso arrivò a una radura nascosta. Al centro, circondato da fiori luminosi, c'era un antico tronco d'albero cavo. Dentro il tronco, luccicava l'amuleto dei Sussurri Antichi. Era una pietra verde smeraldo, incastonata in un pendente d'argento.

Tommaso prese l'amuleto con mani tremanti. Al contatto, sentì una calda ondata di energia attraversarlo. Gli alberi intorno a lui cominciarono a cantare in una melodia dolce e rassicurante. "Bravo, Tommaso," sussurrò Quercio. "Ora, attiva l'amuleto e proteggi la nostra casa."

Tommaso sollevò l'amuleto al cielo e pronunciò le parole che gli alberi gli avevano insegnato: "Con il potere dei Sussurri Antichi, io proteggerei questa foresta." Un bagliore di luce verde esplose dall'amuleto, avvolgendo la foresta in un'aura protettiva.

In quel momento, l'uomo malvagio che minacciava la foresta sentì una forza invisibile che gli impediva di avvicinarsi. La fabbrica non venne mai costruita, e la foresta fu salva grazie al coraggio di Tommaso.

Tornato al villaggio, Tommaso raccontò la sua incredibile avventura ai suoi genitori e ai suoi amici. All'inizio, nessuno gli credeva, ma presto tutti notarono che la foresta sembrava più viva e rigogliosa che mai. E ogni volta che Tommaso tornava nella foresta, gli alberi lo salutavano con gioia, ringraziandolo per il suo eroico gesto.

Tommaso continuò a prendersi cura della foresta, crescendo e diventando un grande protettore della natura. Il suo legame con gli alberi rimase forte per tutta la vita, e la sua storia venne tramandata di generazione in generazione.

Così, nel villaggio di Quercianuova, si racconta ancora oggi la leggenda di Tommaso, il ragazzo che parlava con gli alberi, il cui cuore puro e coraggioso salvò una foresta magica dalla distruzione.

Tommaso and the Secret of the Talking Trees

In the peaceful village of Quercianuova lived a little boy named Tommaso. He was ten years old, with messy brown hair and lively green eyes that seemed to hold all the wonders of the world. But Tommaso was not like other children. He possessed an extraordinary gift: he could talk to trees.

His discovery happened one summer afternoon while he was in the forest near his home. Tommaso often played among the branches and roots, imagining himself as a great explorer. That day, while resting under an old oak tree, he heard a voice whisper in his ear, "Hello, little explorer."

Tommaso jumped, looking around. There was no one. "Who spoke?" he asked, still incredulous.

"It's me, the oak," the voice replied gently. "My name is Quercio. We have observed your pure heart and kindness toward nature. And so, we decided to reveal our secret to you."

Fascinated and curious, Tommaso sat cross-legged and listened attentively. Quercio explained that all the trees in the forest could talk, but only to those who showed true love and respect for nature.

"We need your help, Tommaso," continued Quercio. "There is a threat looming over this forest. An evil man wants to cut us down to build a factory."

Tommaso's heart sank. He couldn't let that happen. "What can I do to help?" he asked, determined.

Quercio told him about an ancient amulet hidden in the heart of the forest. "The Amulet of Ancient Whispers has the power to protect the forest. But only a child with a pure heart can find it and activate it."

Tommaso accepted the mission without hesitation. Armed only with his curiosity and courage, he ventured into the forest. The trees guided him along the way, whispering advice and encouragement.

He crossed a shimmering river with the help of the weeping willows, which bent their branches to form a bridge. He passed through a field of thorns with the assistance of the pines, which released a carpet of soft needles to protect his feet. Every step of his journey was a test of his determination and love for nature.

Finally, after hours of walking, Tommaso arrived at a hidden clearing. In the center, surrounded by glowing flowers, was an ancient hollow tree trunk. Inside the trunk, the Amulet of Ancient Whispers sparkled. It was a green emerald stone set in a silver pendant.

Tommaso took the amulet with trembling hands. At his touch, he felt a warm surge of energy course through him. The trees around him began to sing in a sweet and reassuring melody. "Well done, Tommaso," Quercio whispered. "Now, activate the amulet and protect our home."

Tommaso lifted the amulet to the sky and recited the words the trees had taught him: "With the power of Ancient Whispers, I will protect this forest." A burst of green light exploded from the amulet, enveloping the forest in a protective aura.

At that moment, the evil man threatening the forest felt an invisible force preventing him from approaching. The factory was never built, and the forest was saved thanks to Tommaso's courage.

Back in the village, Tommaso told his incredible adventure to his parents and friends. At first, no one believed him, but soon everyone noticed that the forest seemed more alive and lush than ever. And whenever Tommaso returned to the forest, the trees greeted him with joy, thanking him for his heroic deed.

Tommaso continued to care for the forest, growing up to become a great protector of nature. His bond with the trees remained strong throughout his life, and his story was passed down from generation to generation.

And so, in the village of Quercianuova, the legend of Tommaso, the boy who talked to trees, whose pure and courageous heart saved a magical forest from destruction, is still told today.

Il Faro di Zaffiro

Nel piccolo villaggio di Porto Rubino, si ergeva un antico faro conosciuto come il Faro di Zaffiro. Era famoso per la sua luce blu brillante che guidava le navi in sicurezza attraverso le acque tempestose. Ma ciò che pochi sapevano era che questo faro nascondeva un segreto straordinario.

Il custode del faro era un uomo anziano di nome Alfredo. Con la sua lunga barba bianca e occhi scintillanti come stelle, Alfredo era considerato il cuore pulsante del villaggio. Ogni sera, prima che calasse il buio, Alfredo accendeva la luce del faro e vegliava sulle navi.

Una sera d'inverno, mentre una tempesta feroce si abbatteva su Porto Rubino, Alfredo notò qualcosa di strano. La luce del faro cominciò a tremolare e a diventare sempre più fioca. Alfredo capì che doveva fare qualcosa per salvare le navi che navigavano nelle acque pericolose.

Salì rapidamente la scala a chiocciola fino alla cima del faro. Arrivato in cima, trovò una sorpresa: una piccola creatura luminosa, simile a una fata, era intrappolata nella lanterna. La creatura aveva ali scintillanti e occhi pieni di paura. "Per favore, aiutami," sussurrò con una voce dolce.

Alfredo, nonostante la sorpresa, si mosse con gentilezza. Aprì la lanterna e liberò la fata. "Grazie mille," disse la fata. "Mi chiamo Zaffira, e sono la guardiana della luce. Sono stata catturata da un malvagio stregone che vuole spegnere la luce del faro per sempre."

Alfredo capì che la situazione era grave. Senza la luce del faro, molte vite sarebbero state in pericolo. "Cosa possiamo fare per fermare lo stregone?" chiese con determinazione.

"Dobbiamo trovare il Cristallo di Zaffiro," rispose Zaffira. "È l'unica cosa che può sconfiggere il malvagio stregone e ripristinare la luce del faro."

Senza perdere un attimo, Alfredo e Zaffira partirono per un'avventura epica. Attraversarono foreste oscure, scalando montagne impervie e attraversando fiumi tumultuosi. Durante il viaggio, Alfredo dimostrò un coraggio e una tenacia incredibili, affrontando ogni ostacolo con determinazione.

Finalmente, dopo giorni di viaggio, giunsero a una grotta nascosta sotto una cascata di ghiaccio. All'interno della grotta, trovarono il Cristallo di Zaffiro, un gemma brillante che emanava una luce blu intensa. Ma il malvagio stregone era lì ad attenderli.

"Non riuscirete a fermarmi!" urlò il malvagio, lanciando incantesimi oscuri verso Alfredo e Zaffira. Ma Alfredo, con il Cristallo di Zaffiro in mano, riuscì a respingere gli incantesimi e a liberare un'onda di luce pura che avvolse il malvagio stregone, facendolo sparire per sempre.

Con il cuore colmo di gioia, Alfredo e Zaffira tornarono al faro. Inserirono il Cristallo di Zaffiro nella lanterna, e la luce blu riprese a brillare più forte che mai. Le navi, ora al sicuro, poterono navigare senza paura.

Il villaggio di Porto Rubino festeggiò il ritorno della luce con una grande celebrazione. Alfredo fu acclamato come un eroe, e Zaffira rimase al suo fianco come guardiana della luce.

Con il passare degli anni, il Faro di Zaffiro continuò a brillare, proteggendo e guidando le navi. Alfredo, con il suo cuore gentile e il suo spirito indomito, continuò a prendersi cura del faro, diventando una leggenda vivente nel villaggio.

E così, il segreto del Faro di Zaffiro fu tramandato di generazione in generazione, un ricordo luminoso di coraggio, magia e amicizia che avrebbe illuminato Porto Rubino per sempre.

53

The Sapphire Lighthouse

In the small village of Porto Rubino stood an ancient lighthouse known as the Sapphire Lighthouse. It was famous for its bright blue light that guided ships safely through stormy waters. But what few knew was that this lighthouse hid an extraordinary secret.

The lighthouse keeper was an old man named Alfredo. With his long white beard and eyes sparkling like stars, Alfredo was considered the heartbeat of the village. Every evening, before darkness fell, Alfredo would light the lighthouse and watch over the ships.

One winter evening, as a fierce storm raged over Porto Rubino, Alfredo noticed something strange. The lighthouse light began to flicker and grow dimmer. Alfredo realized he had to do something to save the ships navigating the dangerous waters.

He quickly climbed the spiral staircase to the top of the lighthouse. Upon reaching the top, he found a surprise: a small luminous creature, resembling a fairy, was trapped in the lantern. The creature had shimmering wings and eyes full of fear. "Please, help me," she whispered in a sweet voice.

Despite his surprise, Alfredo moved with kindness. He opened the lantern and freed the fairy. "Thank you so much," said the fairy. "My name is Zaffira, and I am the guardian of the light. I was captured by an evil sorcerer who wants to extinguish the lighthouse light forever."

Alfredo realized the situation was serious. Without the lighthouse light, many lives would be in danger. "What can we do to stop the sorcerer?" he asked with determination.

"We need to find the Sapphire Crystal," Zaffira replied. "It is the only thing that can defeat the evil sorcerer and restore the lighthouse light."

Without wasting a moment, Alfredo and Zaffira set out on an epic adventure. They traversed dark forests, climbed steep mountains, and crossed turbulent rivers. During the journey, Alfredo demonstrated incredible courage and tenacity, facing every obstacle with determination.

Finally, after days of travel, they arrived at a cave hidden beneath an icy waterfall. Inside the cave, they found the Sapphire Crystal, a brilliant gem that emitted an intense blue light. But the evil sorcerer was there waiting for them.

"You won't stop me!" the sorcerer shouted, casting dark spells at Alfredo and Zaffira. But Alfredo, holding the Sapphire Crystal, managed to repel the spells and release a wave of pure light that enveloped the evil sorcerer, making him disappear forever.

With hearts full of joy, Alfredo and Zaffira returned to the lighthouse. They placed the Sapphire Crystal in the lantern, and the blue light shone brighter than ever. The ships, now safe, could sail without fear.

The village of Porto Rubino celebrated the return of the light with a grand celebration. Alfredo was hailed as a hero, and Zaffira remained by his side as the guardian of the light.

As the years passed, the Sapphire Lighthouse continued to shine, protecting and guiding ships. Alfredo, with his kind heart and indomitable spirit, continued to care for the lighthouse, becoming a living legend in the village.

And so, the secret of the Sapphire Lighthouse was passed down from generation to generation, a shining memory of courage, magic, and friendship that would illuminate Porto Rubino forever.

Giorgio il Gufo e il Mistero della Luna Rossa

Nel cuore della Foresta Incantata, viveva un gufo di nome Giorgio. Giorgio non era un gufo come gli altri. Aveva piume argentate che brillavano alla luce della luna e occhi grandi e intelligenti che vedevano molto più lontano di quelli di qualsiasi altro gufo. Ma c'era una cosa che rendeva Giorgio davvero speciale: era un detective della foresta.

Ogni notte, quando il mondo si addormentava, Giorgio volava silenziosamente tra gli alberi, risolvendo misteri e aiutando gli abitanti della foresta. Tutti conoscevano Giorgio e sapevano di poter contare su di lui. Ma una notte, accadde qualcosa di straordinario che mise alla prova tutte le sue abilità.

Era una notte di luna piena, ma la luna non era del solito colore argentato. Era rosso sangue. Gli animali della foresta erano in preda al panico. "È la fine del mondo!" gridavano alcuni. "Un cattivo presagio!" dicevano altri. Ma Giorgio sapeva che doveva esserci una spiegazione razionale.

"Calmatevi tutti," disse con voce rassicurante. "Lasciate che indaghi. Vi prometto che troverò una risposta."

Giorgio si mise subito al lavoro. Volò fino alla vecchia quercia dove viveva il saggio barbagianni, Prof. Barbaluna. "Professore, hai mai visto una luna rossa prima d'ora?" chiese Giorgio.

Il vecchio barbagianni annuì lentamente. "Sì, una volta, molto tempo fa. Si dice che la luna rossa appaia quando un potente incantesimo è stato lanciato sulla foresta. Ma non ricordo quale fosse l'incantesimo."

Determinato a scoprire la verità, Giorgio volò verso la Biblioteca delle Foglie Perdute, un luogo misterioso dove si diceva fossero custoditi tutti i segreti della foresta. Lì, tra libri polverosi e pergamene antiche, trovò una mappa che conduceva a una grotta segreta, nascosta in profondità nella foresta.

Giorgio decise di seguire la mappa. Attraversò fiumi scintillanti e colline verdeggianti, fino a raggiungere la grotta. All'interno, trovò un antico altare con iscrizioni in una lingua dimenticata. Ma Giorgio, grazie alla sua conoscenza dei misteri della foresta, riuscì a decifrarle.

"Luna rossa, incantesimo potente, solo il coraggio e il cuore puro potranno spezzare l'incantesimo," lesse ad alta voce. Giorgio capì che avrebbe dovuto affrontare una prova di coraggio per salvare la foresta.

Improvvisamente, la grotta fu invasa da una luce abbagliante, e davanti a lui apparve un drago di luce, maestoso e spaventoso. "Chi osa entrare nella mia dimora?" ruggì il drago.

"Sono Giorgio, il detective della foresta. Sono qui per spezzare l'incantesimo della luna rossa," rispose Giorgio con fermezza.

Il drago fissò Giorgio con i suoi occhi fiammeggianti. "Solo chi ha un cuore puro può superare la mia prova. Sei pronto?"

Giorgio annuì. Il drago emise un ruggito e la grotta si trasformò in un labirinto di specchi. "Trova la tua vera essenza e l'incantesimo sarà spezzato," disse il drago.

Giorgio si avventurò nel labirinto, affrontando riflessi distorti e illusioni ingannevoli. Ad ogni passo, doveva confrontarsi con le sue paure e dubbi. Ma ricordando le parole del Prof. Barbaluna, trovò la forza di andare avanti.

Alla fine del labirinto, Giorgio si trovò davanti a uno specchio che rifletteva non solo la sua immagine, ma anche il suo cuore. Vide il suo coraggio, la sua determinazione e il suo amore per la foresta. "Questa è la mia vera essenza," disse con convinzione.

Immediatamente, il labirinto scomparve e il drago riapparve. "Hai superato la prova, Giorgio. La tua purezza di cuore ha spezzato l'incantesimo."

La luce del drago si dissipò, e la luna tornò al suo colore argenteo. Giorgio volò rapidamente indietro alla foresta, dove tutti gli animali lo aspettavano ansiosi. "La luna è tornata normale!" gridarono con gioia.

Giorgio raccontò loro la sua avventura, spiegando che la luna rossa era stata causata da un antico incantesimo, ma che il coraggio e il cuore puro potevano sempre prevalere.

Da quel giorno, Giorgio fu considerato non solo un detective, ma anche un eroe. E la Foresta Incantata sapeva di essere al sicuro con Giorgio, il gufo dal cuore puro, a vegliare su di loro.

Giorgio the Owl and the Mystery of the Red Moon

In the heart of the Enchanted Forest, there lived an owl named Giorgio. Giorgio was not like other owls. He had silver feathers that glittered in the moonlight and large, intelligent eyes that could see much farther than those of any other owl. But there was something that made Giorgio truly special: he was the forest's detective.

Every night, when the world fell asleep, Giorgio flew silently among the trees, solving mysteries and helping the forest inhabitants. Everyone knew Giorgio and knew they could rely on him. But one night, something extraordinary happened that tested all his skills.

It was a full moon night, but the moon was not its usual silvery color. It was blood red. The forest animals were in a panic. "It's the end of the world!" some cried. "A bad omen!" said others. But Giorgio knew there had to be a rational explanation.

"Calm down, everyone," he said reassuringly. "Let me investigate. I promise I will find an answer."

Giorgio immediately got to work. He flew to the old oak where the wise owl, Prof. Barbaluna, lived. "Professor, have you ever seen a red moon before?" Giorgio asked.

The old owl nodded slowly. "Yes, once, a long time ago. It is said that the red moon appears when a powerful spell has been cast on the forest. But I don't remember what the spell was."

Determined to discover the truth, Giorgio flew to the Library of Lost Leaves, a mysterious place where all the forest's secrets were said to be kept. There, among dusty books and ancient scrolls, he found a map leading to a secret cave, hidden deep within the forest.

Giorgio decided to follow the map. He crossed sparkling rivers and lush hills until he reached the cave. Inside, he found an ancient altar with inscriptions in a forgotten language. But Giorgio, thanks to his knowledge of the forest's mysteries, managed to decipher them.

"Red moon, powerful spell, only courage and a pure heart can break the spell," he read aloud. Giorgio understood that he would have to face a test of courage to save the forest.

Suddenly, the cave was filled with a blinding light, and before him appeared a dragon of light, majestic and terrifying. "Who dares enter my domain?" roared the dragon.

"I am Giorgio, the forest detective. I am here to break the red moon's spell," Giorgio replied firmly.

The dragon stared at Giorgio with its blazing eyes. "Only those with a pure heart can pass my test. Are you ready?"

Giorgio nodded. The dragon let out a roar, and the cave transformed into a maze of mirrors. "Find your true essence, and the spell will be broken," said the dragon.

Giorgio ventured into the maze, facing distorted reflections and deceptive illusions. With every step, he had to confront his fears and doubts. But remembering Prof. Barbaluna's words, he found the strength to move forward.

At the end of the maze, Giorgio stood before a mirror that reflected not only his image but also his heart. He saw his courage, determination, and love for the forest. "This is my true essence," he said with conviction.

Immediately, the maze disappeared, and the dragon reappeared. "You have passed the test, Giorgio. Your purity of heart has broken the spell."

The dragon's light dissipated, and the moon returned to its silvery color. Giorgio quickly flew back to the forest, where all the animals were anxiously waiting for him. "The moon is back to normal!" they cried with joy.

Giorgio told them about his adventure, explaining that the red moon was caused by an ancient spell, but that courage and a pure heart could always prevail.

From that day on, Giorgio was considered not only a detective but also a hero. And the Enchanted Forest knew it was safe with Giorgio, the owl with a pure heart, watching over them.